Inhalt

1993 – Ein ganz besonderes Jahr!

1993 ist ein besonderes Jahr: Cindy Crawford wird zusammen mit Richard Gere zum „Sexiest Couple Alive“ gewählt, Linda De Mol`s „Traumhochzeit“ wird zum Quotenhit und Whitney Houston bricht mit „I will always love you“ alle Rekorde.

Eine spannende und amüsante Zeitreise für jede Frau, die immer schon mal wissen wollte, welche Trends in ihrem Geburtsjahr begründet wurden und welche bedeutenden Ereignisse es gab.

Ein Ereignis ist dabei ganz besonders hervorzuheben:

Das größte Highlight 1993 ist die Geburt von:

Liebes Geburtstagskind,

Chinesisches Horoskop

Wer im Jahr 1993 das Licht der Welt erblickte, ist im **chinesischen Tierkreiszeichen des Hahns** geboren.

Das chinesische Sternzeichen Hahn steht für Neugier und ausgeprägte Beobachtungsgabe

Das Charakterbild der Hahn-Frau

Eine Frau, die im chinesischen Sternzeichen Hahn geboren ist, ist lebhaft und neugierig. Sie liebt es, neue Erfahrungen zu machen und Dinge auszuprobieren. Sie ist sehr fleißig, ordentlich und präzise. Zudem ist sie ausgesprochen großzügig und stets hilfsbereit. Humorvoll, klug und offen begegnet sie dem Leben. Wenn sie sich für etwas entschieden hat, geht sie geradlinig und mutig ihren Weg.

Anderen gegenüber ist sie ehrlich und direkt. Wenn sie einmal etwas zugesagt hat, steht sie dazu und man kann sich voll und ganz auf sie verlassen. Die Hahn-Frau erscheint immer elegant und wird aufgrund ihres tollen Auftretens von vielen bewundert. Als Optimistin steht sie gern im Mittelpunkt, wobei sie es auch versteht, sich einfach einmal zurückzunehmen, um das zu tun, was sie sehr gut kann: Beobachten.

Die Hahn-Frau wird stets einen kühlen Kopf bewahren, egal wie verzwickt eine Situation auch sein mag. Dadurch behält sie nicht nur den Überblick, sondern nimmt auch jedem Chaos die Unordnung. Denn sie versteht es wie kein anderes Sternzeichen, klare Strukturen zu schaffen. Dabei verfügt sie über eine nahezu unerschöpfliche Energie.

Glückszahlen	Glücksfarben	Glücksblumen
5 7 und 8 oder Zahlen, die 5, 7 und 8 beinhalten (wie 57 oder 78)	golden braun gelb	 Gladiola Hahnenkamm

In beruflichen Angelegenheiten ist das Wesen der Hahn-Frau von Präzision, Gründlichkeit und Vielseitigkeit geprägt. Das Sternzeichen liebt die Herausforderungen im Job, wobei es durchaus etwas kniffliger sein darf. Zahlen, Tabellen und Statistiken sind ihr Steckenpferd, weswegen man eine Hahn-Geborene vielfach in der Buchhaltung, im Steuerbüro oder als Rechnungsprüferin antreffen wird. Weitere Berufe für die Hahn-Frau sind Ärztin oder Psychiaterin. Denn in diesen Branchen kann sie ihre vortreffliche Beobachtungsgabe einsetzen, um den Dingen auf den Grund zu gehen.

Leidenschaftlich und zärtlich wird sie in einer Beziehung aufblühen und treu zu ihrem Partner stehen. Der Partner an ihrer Seite kann sich glücklich schätzen.

Auf den folgenden Seiten sind Trends, Ereignisse und Geschichten angeführt, die das Geburtsjahr 1993 aus Sicht der Frau zu einem besonderen Jahr machen. Viel Spaß beim Schmunzeln und Staunen!

Das Supermodel aus dem Maisfeld

Cynthia Ann Crawford wird am 20. Februar 1966 in DeKalb, Illinois geboren. Als Kind träumt sie davon, die erste Präsidentin der USA zu werden. Ihre Zukunftspläne ändern sich jedoch, als Cindy während ihrer Sommerferien in einem Maisfeld jobbt und dabei von einem Zeitungsfotograf abgelichtet wird. Bereits im Alter von 20 Jahren ist ihr Name zu einer Marke geworden und sie zählt zu den erfolgreichsten *Supermodels* der Welt.

Das „People"-Magazin kürt 1993 Cindy Crawford zusammen mit Richard Gere zum "Sexiest Couple Alive". Angesprochen auf ihre Schönheit sagt sie: „Ich möchte nicht immer schön sein. Ich will auch mal blöd aussehen, wenn ich meine Jogginghose trage und einen Pickel im Gesicht habe. Die Erwartung, immer schön sein zu müssen, macht mir zu schaffen."

Mode im Neo-Hippie-Look

Die *Jugendmode 1993* setzt auf *Neo-Hippie:* Wadenlange Schlabberkleider, psychedelische Farben, Blumenmuster und die wiederentdeckten Plateausohlenschuhe sowie bauchnabelfreie Häkelwesten, kurze Pullover mit überlangen Ärmeln oder weite Hängerchen und Trompetenhosen.

Diese sind im Unterschied zu den 70er Jahren Jersey-Leggings, bei denen unterhalb der Knie Zwickel aus Spitze oder Seide eingesetzt sind. Den 90er Jahren entsprechen Tätowierungen am Oberarm oder kleine Ringe am Bauchnabel.

Neo-Hippielook von C&A mit ausgestellter Hose oder Leggins und Plateausohlenschuhen.

Neo-Hippilook von Escada mit schmaler Trompetenhose zu Blouson und Bluse.

Und täglich grüßt ...

In *„Und täglich grüßt das Murmeltier"* wird Fernseh-Meteorologe Phil Connors (Bill Murray) zu einer so denkwürdigen wie kuriosen Veranstaltung beordert: dem Groundhog Day. An diesem legendären Tag wird in verschiedenen amerikanischen und kanadischen Orten ein Murmeltier aus seinem Bau gelockt, um das Wetter vorherzusagen. Als passionierter Zyniker geht Phil seiner Berichterstattung nur mit Widerwillen nach. Die Laune des grantigen TV-Wetterfroschs wird zusätzlich auf die Probe gestellt, als sich der besagte Tag auf mystische Art und Weise ständig wiederholt.

Billy Murray hat mit seinem unvergleichlichen Humor die romantische Komödie aus dem Jahr 1993 zum Kultfilm gemacht.

Für viele ist *„Und täglich grüßt das Murmeltier"* ein Lieblingsfilm. Eine Komödie, ein Fantasy-Film, eine Romanze und eine moralische Fabel, in der ein zynischer Mann von den Beschränkungen, die sein Leben prägen, erlöst wird.

Fortbewegung vor allem mit dem Auto

Das Auto ist mit weitem Abstand das wichtigste Verkehrsmittel. 1993 hat der PKW einen Anteil von über 82% am Personenverkehr. Auf den öffentlichen Nahverkehr (Bus, Straßen-, S- und U-Bahn) entfallen 9%, Der Anteil der Bahn liegt bei 6%, der des Flugzeugs bei rund 2%. Auch im Bereich des Gütertransports liegt die Bahn mit 18% weit hinter dem LKW mit 62% aller Transporte.

Verkehrssituation in München: Bei den herkömmlichen Verkehrskonzepten sind Fußgänger und Radfahrer gegenüber den Autos benachteiligt.

Die Zahl der Privatautos steigt weiter an. 1993 sind in Deutschland 39,2 Mio. PKW zugelassen, das sind 3,1% mehr als im Vorjahr.

DREIMAL DOPPELHERZ ...
GEBEN SIE EINE PARTY?
APOTHEKE

Exklusiv: Cholesterinarme Rezepte aus 1993

In den USA gibt es schon seit den 1970er Jahren „Low Cholesterol" Kochbücher (Abb. aus 1970)

Acht cholesterinarme Rezepte aus dem Jahr 1993 gibt es hier mittels Link oder QR-Code zum Downlaod:

https://bit.ly/cholesterinarm-1993

Das geschah 2003, als du 10 Jahre alt warst:

Claudia Schiffer bringt ihren Sohn Casper zur Welt. Im Bild mit ihrem Mann Matthew Vaughn und Sohn Casper.

Alexander Klwas wird der erste Sieger bei „Deutschland sucht den Superstar“.

Halle Berry wird zur „Sexiest Woman Alive“ und Jonny Depp zum „Sexiest Man Alive“ gewählt.

Deutsche schreibt Eisschnelllaufgeschichte

Die Thüringerin *Gunda Niemann* gewinnt zum dritten Mal die Mehrkampf-Weltmeisterschaft im Einsschnelllauf. Die 26-jährige Sportlerin schreibt mit ihrem dritten WM-Titel in Folge ein Stück Eisschnelllaufgeschichte.

Gunda Niemann in Berlin. Die frühere Leichtathletin kam erst mit 17 Jahren zum Eisschnelllauf.

Für die Doppel-Olympiasiegerin von Albertville (3.000 m und 5.000 m), die über 3.000 m auch den Weltrekord hält, verläuft der Wettkampf genau nach Plan. Zwar hatte Niemann nach dem Sturz vor zwei Wochen bei der EM in Heerenveen *„richtig weiche Knie"*, aber der Erfolg nach dem ersten Start gibt der Erfurterin ausreichend Selbstbewusstsein für die letzten beiden Rennen.

Der provozierte Skandal

Die Modemarke *Benetton* sorgt seit Anfang der 1990er Jahre mit ihren Werbekampagnen immer wieder international für Entrüstung. Die Werbung von Benetton kommt von 1982 bis 2000 fast ausschließlich von *Oliviero Toscani*, dem Enfant terrible der Fotografie. Der Italiener bricht Tabus und Benetton erntet weltweit Kritik für die Kreationen - aber auch viele Preise.

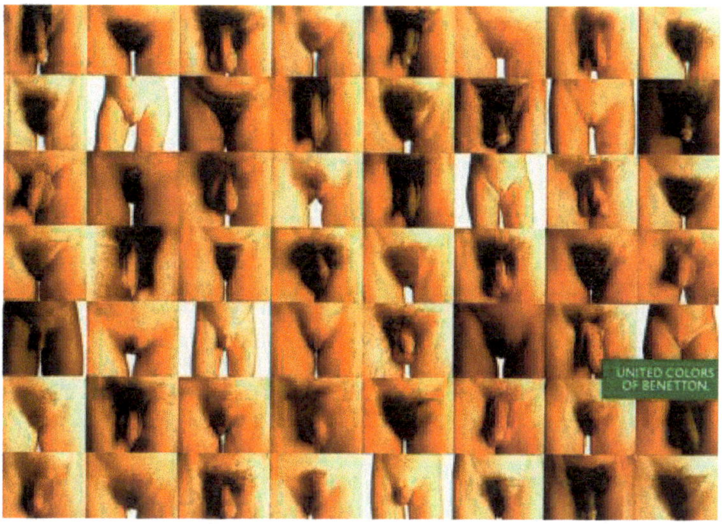

1993 zeigt Benetton Bilder von 56 männlichen und weiblichen Geschlechtsorganen.

Toscani sorgt mit Bildern von einer Nonne, die einen Priester küsst, von kopulierenden Pferden, von Blutlachen, von einem sterbenden Aidskranken oder von Menschen in US-Todeszellen für Aufregung. Toscani wollte mit seinen Bildern stets Themen abseits der heilen Welt der Lifestylewerbung in den Mittelpunkt rücken: Krieg, Kinderarbeit, Krankheit oder Rassismus.

Größtes Museum der Welt

Der neugestaltete Richelieu-Flügel des *Louvre* wird am 18. November von Staatspräsident Mitterand feierlich der Öffentlichkeit übergeben. Die Einweihung des 21.500 m² umfassenden neuen Ausstellungsbereiches ist der Höhepunkt der Feiern zum 200-jährigen Bestehen des Museums. Mit nunmehr 51.000 m² Fläche ist der Louvre das größte Kunstmuseum der Welt.

Außenfront des Louvre mit der von Ieoh Ming Pei entworfenen Glaspyramide, die nach heftigen Kontroversen als optischer Akzent akzeptiert und geschätzt wird.

Die umgekehrte Pyramide in der unterirdischen Einkaufszone das Louvre ist das Pendent zur berühmten Glaspyramide im Innenhof.

Traumhochzeit als Quotenhit

Zu den größten Publikumserfolgen des Jahres 1993 zählt die von RTL ausgestrahlte Sendung *„Traumhochzeit“*. Die Niederländerin *Linda de Mol* präsentiert den Quotenhit des Jahres. Mit witzigen Heiratsanträgen und romantischen Liebesduetten konkurrieren drei Paare darum, noch in der Sendung heiraten zu dürfen.

Die Show „Traumhochzeit“ mit einem Gewinnerpaar aus dem Jahr 1993 und der Moderatorin Linda de Mol.

Bei Linda de Mol werden Ehen nicht im Himmel geschlossen, sondern im Fernsehstudio. Vom öffentlichen Heiratsantrag bis zur Trauung vor laufenden Kameras sind Millionen Zuschauer dabei und drücken „ihrem“ Brautpaar die Daumen. Gewinnen können auch die Verlierer: ein Auto und andere tolle Preise.

Die Post bringt ... neue Zahlen

Nach monatelangen Vorbereitungen führt die Gelbe Post in ganz Deutschland *fünfstellige Postleitzahlen* ein. Die Änderung war auch deshalb notwendig, weil es nach der deutschen Vereinigung mehr als 800 gleiche Postleitzahlen gab. Um Verwechslungen zu vermeiden, sollten die Großbuchstaben O und W der Ortsangabe vorangestellt werden.

Die BRD ist nunmehr in 83 Briefregionen aufgeteilt, die durch die ersten beiden Ziffern bezeichnet werden. Die übrigen drei Ziffern stehen für Ort und Zustellbezirk des Empfängers.

Die Briefsortierung wird im Rahmen der Umstellung weitgehend automatisiert, wodurch pro Jahr rund 1,8 Mrd. DM eingespart werden sollen. Aufgrund der Automatisierung werden bei der gelben Post 20.000 Arbeitsplätze gestrichen.

Essen wohl bald Novel Food

Vieldiskutiert wird 1993 das sog. *Novel food* (engl.: neuartige Nahrung). Darunter verstehen Ernährungswissenschaftler Lebenmittel, die mit Hilfe der Gentechnologie produziert werden oder aus neuartigen Rohstoffen bestehen.

Im Ausland sind derartige Produkte bereits länger auf dem Markt. In der Bundesrepublik dagegen sind entsprechende Zulassungsanträge bis dato noch nicht erfolgt.

In den USA wird untersucht, wie mit Hilfe der Gentechnologie eine Ertragssteigerung bei Pflanzen erzielt werden kann.

SCHATZ, DU HATTEST EINEN ALBTRAUM.
KALORIEN! DA WAREN ÜBERALL KALORIEN!

Was 1993 sonst noch geschah …

17. Januar:
Bei Sonnenschein und Temperaturen bis zu 14 Grad öffnen in München etliche Biergärten ihre Pforten.

1. März:
Für einen Kaufpreis von 3,5 Mio. DM erwirbt die Hamburger Kunsthalle das Gemälde *„Meeresufer im Mondschein"* von Caspar David Friedrich.

24. Mai:
In Cannes gehen die am 13. Mai eröffneten 6. Internationalen Filmfestspiele zu Ende. Die Filme *„Das Piano"* und *„Lebewohl meine Konkubine"* werden mit einer Goldenen Palme geehrt.

26. Juli:
Der deutsche Schriftsteller Günter Grass wird zum Ehrenbürger seiner Heimatstadt Danzig ernannt.

Neuseeland. Mitte des 19. Jahrhunderts. Ada, die stumme Engländerin, und ihre Tochter kommen am Strand an. Mit dem Piano.

Was 1993 sonst noch geschah ...

6. August:
In Berlin wird das erste jüdische Gymnasium Deutschlands seit dem Zweiten Weltkrieg feierlich eröffnet.

13. Oktober:
In Karlsruhe lehnt das Bundesverfassungsgericht die Möglichkeit von Eheschließungen zwischen gleichgeschlechtlichen Partnern ab.

18. Oktober:
In Frankreich beginnt eine *„Woche des guten Geschmacks"*. Mit dieser Aktion sollen Frankreichs Bürger durch Sonderangebote in Restaurants, besondere Speiseangebote in Kantinen und Schulen an die Qualität der französichen Küche erinnert werden. Hintergrund der Kampagne ist der zunehmende Konsum von Fast-Food und Tielfkühlkost im Mutterland der feinen Küche.

Die Franzosen weisen mit der „Woche des guten Geschmacks" auf ihr gutes Essen hin.

Ein Loch beschäftigt die Welt

1993 beschäftigen vor allem die Gesundheitsgefährdungen, die vom sog. Ozonloch ausgehen, die öffentliche Diskussion. Mit dem Schlagwort *„Ozonloch"* wird die Ausdünnung der Ozonhülle in bestimmten Bereichen der etwa 20 km von der Erde entfernten Stratosphäre bezeichnet, wodurch vermehrt schädliche UV-Strahlung in die Atmosphäre gelangt.

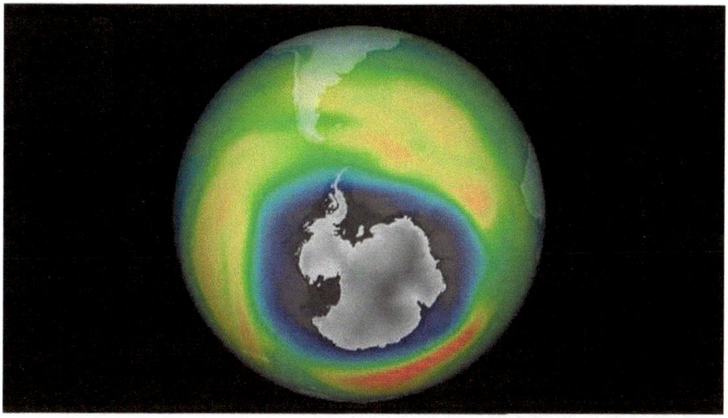

Die Erdatmosphäre ist aus verschiedenen Schichten aufgebaut. In der sogenannten Stratosphäre, in 15 bis 50 Kilometern Höhe, liegt die Ozonschicht. Sie ist für uns lebenswichtig, weil sie uns vor schädigender Sonnenstrahlung schützt. Allerdings gibt es Substanzen, die die Ozonschicht dünner werden lassen.

Beim Menschen kann die erhöhte UV-Strahlung Linsentrübungen des Auges und Hauterkrankungen hervorrufen. Verursacher der Ozonausdünnung sind die Abbauprodukte der aus Spraydosen, Kühlschränken und Klimaanlagen herrührenden *Fluorchlorkohlenwasserstoffe (FCKW).*

Trennung im Königshaus

Das Privatleben der britischen Königsfamilie liefert der Boulevardpresse des Landes wieder Schlagzeilen. Ein Sprecher des britischen Königshauses gibt bekannt, dass Prinz Andrew und seine Frau Sarah, Herzogin von York, nunmehr auch offiziell getrennt sind.

Ein Bild aus glücklicheren Tagen: Prinz Andrew mit seiner Frau Sarah.

Nach nicht bestätigten Informationen erhält die als lebenslustig geltende „Fergie" eine Abfindung in Höhe von rund 6 Mio DM. Außerdem muss sich Sarah dazu verpflichten, über interne Vorgänge und Konflikte Stillschweigen zu wahren. Von dem Geld stehen ihr jedoch nur 1,25 Mio. DM zur freien Verfügung. 1,5 Mio. DM sind für den Ankauf eines standesgemäßen Wohnhauses und 3,5 Mio. DM für die Ausbildung der Kinder bestimmt.

Exklusiv: Strickanleitung aus 1993

1993 stehen Strickpullis für groß und klein hoch im Kurs.

Die original Strickanleitung für den Damen- und Kinderpulli finden Sie zum Ausdrucken unter diesem Link bzw. QR-Code:

https://bit.ly/stricken-1993

Gefängnisausbruch mit Panzer

Am 4. April wird bei einer spektakulären Befreiungsaktion ein 52-jähriger Mörder mit Hilfe eines Panzers aus dem Gefängnis befreit. Um die Mittagszeit durchbricht ein Bundeswehrpanzer vom Typ Fuchs die Zufahrtstore der Haftanstalt. Der Häftling hält sich zu der Zeit im Gefängnishof auf. Nachdem er den Panzer bestiegen hat, wendet das 18 t schwere Fahrzeug und fährt vom Gefängnisgelände.

Gesichert: Ein Panzerfahrzeug der Polizei vor dem Südtor des Ziegenhainer Gefängnisses.

Der Panzer wird wenig später gefunden. Der Fluchthelfer geht der Polizei einige Tage später ins Netz. Es handelt sich um einen Ingenieur, der dem Geflohenen einen „Freundschaftsdienst" erweisen wollte. Der Ausbrecher selbst wird erst einige Monate später gefasst.

Dreidimensionales in Büchern

Einen Sensationserfolg in aller Welt verzeichnet der US-Amerikaner *Tom Baccei* mit seinem Buch *„Magic Eye"*, das aus 25 mit dem Computer erzeugten Farbbildern besteht. Die Bilder enthalten eine verborgene Dimension: Stellt man bei der Betrachtung den Blick auf unendlich und versucht dabei, ein wenig nach außen zu schielen, dann erscheint das Bild dreidimensional und es wird ein verborgenes Motiv sichtbar.

„Das magische Auge" wird 1993 zum Bestseller.

Im Februar 1993 erklimmt das Bilderbuch Platz eins der „New-York-Times"-Bestsellerliste in der Rubrik „Ratgeber und Sonstiges". Auch in Deutschland werden innert weniger Monate über 1 Mio. Exemplare verkauft.

Ein Jahrhundert Song

Am 9. August 1963 wird in Newark, New Jersey (USA) *Whitney Elizabeth Houston* geboren. Ihre Mutter war Sängerin einer Begleitgruppe von Elvis Presley, so dass Houston die Musikalität in die Wiege gelegt bekommen hat. In ihrer Jugend war sie einige Jahre lang auch ein erfolgreiches Model. In dieser Zeit wurde sie für bekannte Zeitschriften wie „Vogue" und „Seventeen" abgelichtet.

Ihr Debütalbum verkaufte sich 1985 alleine in den USA über 13 Millionen Mal. Es folgten zahlreiche Chart-Platzierungen und der erste von sechs Grammys als beste Popsängerin. Schon bald wird die Künstlerin als *"Jahrhundertstimme"* bezeichnet und verkauft über 170 Mio. Tonträger. Auch als Schauspielerin kann der Superstar überzeugen, wie in der Hauptrolle in dem Thriller Bodyguard (1992) mit Kevin Costner.

Der Song „ I will always love you" ist Whitney Houstons größter Hit und geht 1993 durch die Decke. Er wurde schon über ***1,2 Milliarden Mal*** *auf Youtube aufgerufen. Hier der Link und QR-Code dazu:*

https://bit.ly/whitney-superhit

Ja - ich will

Am 17. Dezember ist es soweit. 18.20 Uhr, Rathaus Leimen, ein 18.000-Seelen-Ort bei Heidelberg. Oberbürgermeister Herbert Ehrbar fragt im großen Spiegelsaal, und die Verlobten **Barbara Feltus** (27) und **Boris Becker** (26) antworten: *„Ja - ich will."* Die Trauzeugen: Hochsprungrentner *Carlo Thränhardt* und Leibarzt *Dr. Hans-Wilhelm Müller-Wohlfart.*

Die Adabeis melden *„glückliche Gesichter"* und das Aussehen der beiden wird als „elegant" (AP) beschrieben: „schwarzer Anzug mit dunkler Fliege" (er), „loser heller Umhang über schwarzem Kostüm" (sie). Ab geht's mit einem gemieteten Bus, Aufschrift *„Der Leimener"* nach Baden-Baden, ins Schloßhotel Bühler Höhe.

Tennis-As Boris Becker und Barbara "Babs" Feltus heiraten 1993.

HABT IHR BEIDEN NOCH SEX?
ICH SCHON.

Literatur Bestseller

Auf Platz eins der Jahresbestsellerliste 1993 liegt: Der *„Der Schamane“* von *Noah Gordon* (siehe nächste Seite). Auf den Plätzen zwei und sieben liegen Romane von *Rosamunde Pilcher.*

SPIEGEL Bestseller – Jahres-Bestseller 1993

	Belletristik		Sachbücher
1	Gordon: Der Schamane	1	Ogger: Nieten in Nadelstreifen
2	Pilcher: Die Muschelsucher	2	Al Gore: Wege zum Gleichgewicht
3	Grisham: Die Akte	3	Carnegie: Sorge dich nicht, lebe!
4	Grisham: Die Firma	4	Brandt: Freundesland
5	Heller: Der Mann, der's wert ist	5	Schmidt: Handeln für Deutschland
6	Wood: Das Paradies	6	Baigent/Leigh: Verschlußsache Jesus
7	Pilcher: Wilder Tymian	7	Kelder: Die Fünf „Tibeter“
8	King: Dolores	8	Hacke: Der kleine Erziehungsberater
9	Heidenreich: Kolonien der Liebe	9	Hildebrandt: Denkzettel
10	Garcia Márquez: Zwölf Geschichten aus der Fremde	10	Eisenman/Wise: Jesus und die Urchristen

Jahresbestsellerliste 1993 aus dem Nachrichtenmagazin „Der Spiegel“, ermittelt von der buchhändlerischen Fachzeitschrift „Buchreport“. Auf Platz 1: „Der Schamane“ auf Patz 3 und 7 liegen Romane von Rosamunde Pilcher.

Auch Teil zwei wird Bestseller

„Der Schamane“ ist ein historischer Roman des US-amerikanischen Schriftstellers *Noah Gordon. Der Schamane* ist der zweite Band einer Trilogie, die sich mit der fiktiven Medizinerdynastie der Familie Cole beschäftigt. Der erste Band der Trilogie ist das 1986 erstmals erschienene Buch *„Der Medicus“*, der dritte Band wird 1996 mit dem Titel *„Die Erben des Medicus“* veröffentlicht. Das Buch erhält 1993 den ersten *James Fenimore Cooper* Preis.

Die Fortsetzung des Welt-Bestsellers „Der Medicus“ liegt 1993 auf Platz 1 der SPIEGEL-Jahresbestsellerliste.

Handlung: Rob J. Cole, der Nachfahre des legendären Medicus, muss auf eine vielversprechende Laufbahn in Schottland verzichten und sucht sein Glück in der Neuen Welt. Er erwirbt im Tal des Mississippi Land, das früher den Indianern vom Stamm der Sauks gehörte. Die Begegnung mit den Indianern wird für ihn entscheidend: Er beginnt, die heilenden Kräfte der Natur einzusetzen, und findet in Makwa-ikwa, der Priesterin und Medizinfrau der Sauks, eine Freundin und Helferin. Doch bald lernen Cole und seine Familie auch die Schattenseiten des jungen Amerika kennen.

Zum zweiten Mal auf dem Thron

Mit Inkrafttreten der neuen Verfassung wird Kambodscha eine konstitutionelle Monarchie. König des Landes wird *Prinz Norodom Sihanul.* Der mittlerweile 70-Jährige hatte bereits einmal den Thron inne, dankte jedoch 1955 ab, um sich als Ministerpräsident aktiv der Politik zu widmen.

Norodom Sihanuk, zwischen 1941 und 1955 bereits König, kehrt auf den kambodschanischen Thron zurück.

Die Wiedereinführung der Monarchie hatte das Parlaent mit großer Mehrheit beschlossen. König Sihanuk, wird künftig auch das Amt des Regierungschefs ausüben. Eine seiner Hauptaufgaben ist die Befriedung der Roten Khmer, die im Westen des Landes noch immer weite Gebiete kontrollieren.

Erster Öko-Kühlschrank

Die sächsische Foron Hausgeräte GmbH beginnt mit der Serienproduktion eines sog. *Öko-Kühlschranks.* Das Gerät, an dessen Entwicklung die Umweltschutzorganisation Greenpeace beteiligt war, weist zahlreiche konstruktive Neuerungen auf, die Herstellung, Betrieb und Entsorgung umweltgerecht gestalten helfen.

Mit Unterstützung von Greenpeace beginnt die Foron Hausgeräte GmbH im März 1993 mit der Serienproduktion eines FCKW-freien Kühlschranks. Der rund 550 DM teure Öko-Kühlschrank findet ein großes Echo.

Kernstück ist das Kühlsystem, das ohne die als Ozonkiller geltende Fluorkohlenwasserstoffe (FCKW) auskommt. Auch liegt der Ernergieverbrauch des Öko-Kühlschranks gegenüber anderen Geräten um 10% bis 30% niedriger.

Mehr Farbe bekennen

„Farbe bekennen“ - so lautet die Aufforderung der Möbeldesigner und Innenarchitekten an ihre Kunden. Bunte Holzmöbel, teilweise in gewagten Kombinationen, bestimmen zunehmend das Programm innovativer Hersteller. Leuchtend rote Bezüge für Sofas und Sessel, wie sie etwa von der Firma Molteni angeboten werden, setzen in den Wohnlandschaften deutliche Akzente.

Sofa der italienischen Firma Molteni, mit geschwungenen Holzverblendungen erinnert es an ähnliche Formen aus der Zeit des Biedermeiers.

Auch bei zahlreichen Wohn-Accessoires wie Geschirr, Gläsern, Teppichen und Vorhängen ist Farbe ein wesentliches Gestaltungselement.

Urin - ein ganz besonderer Saft

Zu einem Bestseller wird der Leitfaden zur Selbstbehandlung mit Urin, der von der bekannten Radiomoderatorin *Carmen Thomas* zusammengestellt wurde. Die Autorin hat Fakten und Geschichten um die heilende Wirkung des menschlichen Harns zusammengetragen.

Schon nach einer Woche ist die erste Auflage vergriffen. Immer wieder berichten Hörer von erfolgreichen Selbstbehandlungen mit dem besonderen „Saft".

Die Radiomoderatorin Carmen Thomas landet mit ihrem Buch einen Bestseller.

Die Leser erfahren von den Anwendungen des eigenen Urins gegen Ekzeme, Pickel, Schweißfüße, Hals- oder Gelenkschmerzen und viele weitere Besonderheiten. Nach Überlieferungen wurde Urin als natürliches Heilmittel bereits im Mittelalter angewendet.

Alle wollen Dinos sehen

Im September 1993 läuft in den deutschen Kinos Steven Spielbergs *„Jurassic Park"* an und löst einen beispiellosen Publikumsandrang aus. Bereits in den USA hatte der Streifen um wildgewordene Urzeitechsen rasch sämtliche Zuschauerrekorde gebrochen. „Jurassic Park" wird innerhalb kurzer Zeit zum bislang erfolgreichsten Film der Kinogeschichte.

Gespannt beobachten die Hauptdarsteller das Schlüpfen eines Dinosaurierbabys.

Das neue Spielberg-Epos beeindruckt vor allem durch die täuschend echte Darstellung der Dinosaurier mit Hilfe ausgefeilter Computertechnik. Die Produktionskosten beliefen sich in etwa auf 65 Mio. USD, wovon etwa 15 Mio. USD für die Computeranimation der Saurierfiguren aufgewendet wurden.

Ein neuer König für Belgien

König Albert II. folgt seinem älteren Bruder Baudouin, der kinderlos verstorben war, auf den Thron und leistet am 9. August 1993 den Eid als sechster König der Belgier aus dem Haus Sachsen-Coburg und Gotha.

1993 folgt Albert II. seinem älteren, aber kinderlosen Bruder Baudouin auf den Thron und wird König der Belgier.

Für die unterschiedlichen Volksgruppen in Belgien, für französische Wallonen, niederländische Flamen und westdeutsche Mittelfranken, gilt der König als verbindendes Element. Auf politischem Gebiet wirkt der König durch Stellungnahmen, Vorschläge, Mahnungen und Ermutigungen auf die Akteure des politischen Geschehens. Zudem legen die Präsidenten der Regional- und Gemeinschaftsregierungen ihren Eid vor dem König ab.

Experiment unter Glas

Am 29. September beenden in der Wüste von Arizona vier Frauen und vier Männer das Experiment **„Biosphäre II“**, bei dem sie über einen Zeitraum von zwei Jahren zu wissenschaftlichen Zwecken in einer abgeschlossenen Glaskuppel autark gehaust hatten. Neben einem Stück Regenwald mit Wasserfall, einem Miniaturozean mit Korallenriff, einer Wüste und einem Mangrovensumpf, gab es 3.800 Tier- und Pflanzenarten.

In der Wüste von Arizona liegt die „Biospähre II“

Schon bald nach dem Start geraten die Ökosysteme aus dem Gleichgewicht. Ameisen und Kakerlaken vermehren sich rasant und die Ackerfläche ist zu klein. Nach 16 Monaten ist der Sauerstoffgehalt der Luft in der Biosphäre II auf einen Pegel gesunken, der auf der Erde nur auf 5.800 Metern Höhe herrscht. Atemluft muss von außen zugegeben werden.

Nach zwei Jahren verlassen die Bionauten blass und abgemagert ihr Reich. Als eine zweite Mission wenig später mit ähnlichen Problemen zu kämpfen hat, erklärt der private Geldgeber das Experiment offiziell für beendet.

Mit 14 Jahren an die Weltspitze

Mit vier Medaillen bei den Olympischen Spielen 1992 in Barcelona beginnt die Karriere von *Franziska van Almsick.* Als 14-Jährige stößt die Berlinerin in die Weltspitze vor und wird urplötzlich zum Star.

1993 gehen dann die 21. Europameisterschaften der Schwimmer als „Franzi-Festival" zu Ende. Franziska van Almsick holt bei ihren sieben Starts sechsmal Gold und einmal Silber. *„Ich habe nicht gedacht, das ich hier zum Superstar werde"*, kommentiert Franziska von Almsick ihr erfolgreiches Abschneiden in Sheffield, das ihr auch Werbeeinnahmen in Millionenhöhe sichert.

Die erst 15-jährige „Franzi" beim Aufwärmen. Zu den Siegerehrungen kommt Almsickmit einer Mütze, mit der sie für Berlin als Austragungsort der Olympischen Sommerspiele wirbt.

Sonnenlicht vom Spiegel

Von *„Snamja"* aus, einer kleinen Sonde, die an der Raumstation „Mir" andockte, lenken im Februar russische Kosmonauten mit Hilfe eines Spiegels einen Lichtstrahl der Sonne zur Erde. Nach dem Abdocken von der Mir werden auf sicherem Abstand die Reflektoren erfolgreich entfaltet. Und tatsächlich schickt Snamja auch einen fünf Kilometer breiten Lichtstrahl auf die Erde. Der Strahl streift Berichten zufolge mit einer Geschwindigkeit von acht Kilometern pro Sekunde durch Europa, von Südfrankreich nach Westrussland.

Von der Sonde „Snamja" aus, wird erstmals ein Lichtstrahl von der Sonne auf die Erde umgeleitet.

Allein die Stärke der Leuchtkraft von „mehreren Vollmonden" stellte sich als Übertreibung heraus: Die Helligkeit des Lichts entsprach einem einzigen Vollmond. Leider erblickte man aufgrund einer besonders dicken Wolkenschicht davon auf der Erde zunächst herzlich wenig. Wie die BBC berichtete, sahen einige Menschen verteilt auf dem europäischen Festland ein Licht aufblitzen, als der Strahl vorbeizog, doch das war es auch schon.

Exklusiv: 1993er-Pullover zum Selberstricken

Eine Strickanleitung für den schönen Ajourpulli in Größe 42/44 ist unten angeführt

Hier der QR-Code und Link für die Strickanleitung aus 1993 zum Download:

https://bit.ly/Strickanleitung-Pulli-1993

Tourismus legt weiter zu

Die Deutschen sind 1993 hinter den US-Amerikanern Vize-Weltmeister im Reisen. Für ihren Urlaub geben sie rund 62 Mrd. DM aus. Weltweit unternehmen im Jahr etwa 500 Mio. Menschen, die allermeisten aus den Industriestaaten, eine oder mehrere Urlaubsreisen und geben dabei insgesamt rund 517 Mrd. DM aus.

Jules-Verne-Park im Freizeitpark Eurodisney bei Paris. Die Einrichtung erweist sich trotz starker Werbung kommerziell als wenig erfolgreich.

Nach wie vor verbringt die größte Gruppe der Deutschen ihre Ferien in heimischen Urlaubsgebieten. Rund 25% der Urlauber steuern Reiseziele in Westdeutschland an. Dabei sind die beliebtesten Bundesländer Schleswig-Holstein und Bayern, gefolgt von Hessen und Rheinland-Pfalz.

Mehr Plätze sind gefragt

Die pädagogische Förderung des Nachwuchses beginnt schon in der Kindertagesstätte oder im Kindergarten. Zwar stehen in den neuen Bundesländern mehr Betreuungsplätze als in den alten zur Verfügung, sie sind jedoch oft schlechter ausgestattet.

1993 ist das Ziel einer 100%igen Versorgung mit Kindergartenplätzen noch lange nicht erreicht.

Bei der Kindertagesbetreuung, die vor allem für berufstätige Eltern bzw. Alleinerziehende wichtig ist, klaffen Angebot und Nachfrage weit auseinander. Angesichts leerer Kassen ist Abhilfe jedoch nicht in Sicht.

Sechs Grammys für Rockstar

Sechs Grammys für *Eric Clapton.* Zum besten Song des Jahres wird Claptons *„Tears in heaven"* gewählt, in dem der Rockstar den Tod seines vierjährigen Sohns verarbeitet. Die akustische Version des Clapton-Hits *„Layla"* löst in der Rockmusik eine Renaissance aktustischer Instrumente aus.

Sechs Grammies für Eric Clapton im Jahr 1993.

Eric Claptons Album *„Greatest Hits"* aus 2017 ist auf Youtube zu sehen. Hier der QR-Code und Link dazu:

https://bit.ly/eric-clapton-hits

TV-Werbung wird lauter

In ihrem Arsenal raffinierter Mittel zur Kundenbeeinflussung fügen die Werbeagenturen 1993 weitere Tricks hinzu.

So werden in zunehmendem Maß Fernsehspots ausgestrahlt, dessen Lautstärke größer ist als die des übrigen Programms. Dadurch soll der Widerstand der Zuschauer, dem Kaufappell zu folgen, leichter durchbrochen werden. Das Verfahren wurde von Werbepsychologen erfolgreich getestet.

Werbung für Werbung mit verwirrenden geometrischen Mustern. Die Werbeagentur Jun/von Matt in Hamburg entwirft dieses Plakat im Jahr 1993 für die Deutsche Städte-Reklame GmbH in München.

ICH HABE PETER BEIM HOLZHACKEN GEHOLFEN, DAMIT ER MIR DEN BEAMER LEIHT ... UND DU KOMMST MIT „VOM WINDE VERWEHT"?!
GUTE FILME BRAUCHEN KEINE FARBEN.

Menschliche Embryos geklont

Am 13. Oktober berichten *Jerry Hall* und *Robert Stillman,* zwei US-amerikanische Molekularbiologen an der George-Washington-Universität, der Presse über spektakuläre Experimente an menschlichen Embryonen.

Die beiden Wissenschaftler haben ihren Angaben zufolge erstmals menschliche Embryonen geklont, sprich aus künstlichem Wege aus einem Embryo mehrere völlig identische Embryonen hergestellt.

Die US-amerikanischen Wissenschaftler Stillman (li.) und Hall stellen erstmals geklonte menschliche Embryos her.

Bislang hatte es noch kein Forscher gewagt, mit derartigen Versuchsergebnissen vor die Öffentlichkeit zu treten. In der Tier- und Pflanzenzucht wird das Klonen von befruchteten Zellen seit rund zehn Jahren zur Verbesserung von Zuchtergebnissen angewandt.

Das geschah 2013, als du 20 Jahre alt warst:

Die Toten Hosen sind die großen Sieger bei der 22. Verleihung des Deutschen Musikpreises Echo. Sie erhalten vier Auszeichnungen u.a. für das Album und den Hit des Jahres („Ballast der Republik" und „Tage wie dieser".) (li.) Altbarde Hannes Wade mit Campino von den Toten Hosen.

In Berlin eröffnet ein begehbares Barbie Dreamhouse, das den Fans der Puppe Einblicke in Barbies Welt ermöglicht.

Großer Auftritt für Karl Lagerfelds Chanel-Kollektion 2013 im Pariser Grand Palais. Der deutsche Designer setzt diesmal auf Ledergamaschen und kurze, ausgestellte Kleider.

Spiel des Jahres 1993

Zum Spiel des Jahres 1993 wird *„Bluff“* gewählt. *„Bluff“* ist ein südamerikanisches Würfelspiel, bei dem jeder Spieler fünf Würfel und einen Becher erhält, mit denen er sie würfeln und verstecken kann. Die Spieler geben nacheinander höhere Erklärungen über die Ergebnisse aller im Spiel verbleibenden Würfel ab, z.B. „es gibt zehn Sechsen“. Allerdings kann jemand das Angebot jederzeit anfechten. In diesem Fall werden alle Würfel aufgedeckt und entweder der Bieter oder der Anrufer verliert die Würfel, je nachdem, wer richtig lag. Der letzte Spieler mit Würfeln ist der Gewinner.

„Bluff“ von Ravensburger wird 1993 zum Spiel des Jahres gewählt.

Wörter des Jahres 1993

1. **Sozialabbau**
2. Standort Deutschland
3. Blutskandal
4. Amigo-Affäre
5. Pflege (Pflegeversicherung)

Sydney schlägt Berlin bei Olympia 2000

„Der Sieger ist … die Stadt Sydney", gibt *Juan Antonio Samaranch* die Entscheidung des Internationalen Olympischen Komitees bekannt, nach der die australische Metropole Austragungsort der Olympischen Spiele im Jahr 2000 sein wird. *„Schade, dass nur einer gewinnen kann"*, bedankt sich der IOC-Präsident bei den übrigen Kandidaten.

Am Brandenburger Tor in Berlin verfolgen mehrere hundert Menschen die Entscheidung des IOC.

Die Entscheidung löst bei Vertretern der Mitbewerber Peking und Berlin Enttäuschung aus. *„Schade für Berlin, aber ich bin sicher, dass wir die Entwicklung unserer Stadt auch ohne die Spiele vorantreiben können"*, kommentiert der regierende Bürgermeister Eberhard Diepgen.

Die beliebtesten Sendungen

Zu den größten Publikumserfolgen im TV des Jahres 1993 zählen Shows, Volksmusiksendungen und Talkshows. Zu den erfolgreichsten Sendungen der öffentlich-rechtlichen Anbieter gehören der *„Musikantenstadl"* mit Karl Moik (ARD) und die *„Volkstümliche Hitparade"* mit Carolin Reiber (ZDF). Für hohe Einschaltquoten bei SAT 1 sorgt Margarete Schreinemakers mit der Talkshow *„Schreinemakers Live"*.

Hohe Einschaltquoten für „Schreinemakers Live", eine Talkshow des Privatsenders SAT 1.

April Haider und Thomas Hackenberg in „Wie bitte? – Die Show die sich einmischt."

Ein neuartiges Konzept verfolgt die RTL-Show *„Wie bitte?"* in der bürokratische Auswüchse auf unterhaltsame Weise angeprangert werden. Ebenfalls neu ist die ZDF-Sendung *„Achtung Klassik"*, die sich bemüht, die klassische Musik einem breiten Publikum nahezubringen.

Backingham-Palast für jedermann

Die britische Metropole London ist um eine Attraktion reicher. Für mehrere Wochen werden erstmals 19 der rund 600 Räume des Buckingham-Palastes, der Residenz der britischen Könige, für jedermann zur Besichtigung freigegeben, darunter auch die Gemäldegalerie.

Blick in den Bankettsaal des Buckingham-Palastes. Die Residenz ist erstmals zur Besichtigung freigegeben.

Für den Besuch ist ein Eintrittspreis von umgerechent 20 DM zu entrichten. Die Eintrittsgelder für den Buckingham-Palast will Königin Elisabeth II. für die Wiederherstellung des im November 1992 durch einen Brand teilweise zerstörten Schlosses Windsor Castle verwenden.

SIE IST BEI BEWUSSTSEIN, ABER SIE WILL NICHT SAGEN WIE ALT SIE IST.

Nobelpreis gegen Apartheid

Am 10. Dezember wird der *Friedensnobelpreis* an den Schwarzenführer *Nelson Mandela* und den südafrikanischen Präsidenten *Frederik Willem de Klerk* für ihre Verdienste um die „friedliche Abschaffung des Apartheid-Regimes" verliehen.

Nelson Mandela (li) und Frederik Willem de Klerk präsentieren den Friedensnobelpreis.

Dem Engagement beider Politiker ist es zu verdanken, dass der Prozess zur Abschaffung der Apartheit in Südafrika und die Demokratisierung des Landes nach Jahrzehnten weißer Vorherrschaft und Unterdrückung der schwarzen Bevölkerungsmehrheit in raschem Tempo und bislang friedlich verlaufen ist. Mandela hatte für seinen Kampf gegen die Apartheid über 25 Jahre im Gefängnis gesessen.

Japanische Prinzenhochzeit

Der japanische Kronprinz *Naruhito* (33) heiratet die Diplomatin *Masako Owada* (29). Die Trauung findet nach einem jahrhundertealten geheimgehaltenen Ritus in einem Shinto-Schrein auf dem Gelände des kaiserlichen Palastes statt. Nach der Zeremonie zeigt sich das Paar den 800 Hochzeitsgästen. Auf der anschließenden Fahrt durch Tokio wird das neuvermählte Paar von mehr als 200.000 Menschen gefeiert.

Das japanische Kronprinzenpaar Naruhito und Masako Owada in den traditionellen, aus zwölf Schichten bestehenden Hochzeitskimonos.

Nach Prinzessin Michiko, der Mutter des Kronzprinzen, ist Masako die zweite japanische Prinzessin aus einer bürgerlichen Familie. Die auslandserfahrene Diplomatentochter arbeitet seit sechs Jahren im diplomatischen Dienst.

Massen-Evangelisation

Der US-amerikanische Prediger *Billy Graham* hält in Essen eine Evangelisation ab. Die unter dem Motto „Pro Christ" stehende Missionsshow wird an fünf Abenden wiederholt und live von 10.000 Menschen verfolgt. Grahams Predigten sind zudem per Satellitenübertragung in 55 Ländern zu sehen und werden durch Simultandolmetscher in zahlreiche Sprachen übersetzt. Nach Angaben der Veranstalter ist es das *größte Medienereignis* seit den Olympischen Spielen 1992.

Billy Graham verkündet seine Botschaft immer wieder in Massenveranstaltungen.

Der fundamentalistische Baptistenprediger zählt seit Jahrzehnten zu den schillerndsten Persönlichkeiten im Bereich der Missionierung.

Glück im Spiel und in der Liebe

Die Brühlerin *Steffi Graf* gewinnt das 100. Jubiläums-Endspiel der Damen beim traditionsreichen Grand-Slam-Turnier von Wimbledon. In einem packenden Finale bezwingt sie die Tschechin Jana Novotna.

Das Tennis bestimmt auch ihr Privatleben: Die gemeinsame Geschichte von *Andre Agassi* und Graf beginnt 1999: Sie gewinnen in Paris die French Open, Graf beendet wenig später ihre Karriere, im September kommt es zum ersten Date. Zwei Jahre später folgt die *Hochzeit,* vier Tage später bekommt Graf den gemeinsamen Sohn Jaden Gil, weitere zwei Jahre später Tochter Jaz Elle.

Am 22. Oktober 2001 heiratet das Tennis-Traumpaar Andre Agassi und Steffi Graf

Die rund 40-minütige Dokumentation *„Steffi Graf, The ZDF Documentary 2019, A Tribute to Tennis Goddess“* auf Youtube ist unter diesem Link bzw. QR-Code anzusehen:

https://bit.ly/doku-graf

1993er Kindermode zum Selberstricken

Eine Anleitung für Pulli und Jäckchen zum Selberstricken gibt es unten.

Hier der QR-Code und Link für die Strickanleitung aus 1993 zum Download:

https://bit.ly/1993er-kinder-stricken

Ein neuer Präsident für die USA

Am 21. Januar wird in Washington *William Clinton,* der als Mann der Erneuerung angetreten ist, zum 42. Präsidenten der Vereinigten Staaten vereidigt. Der 46-jährige Demokrat, bislang Gouverneur des Bundesstaates Arkansas, war mit 43% der Stimmen aus den Wahlen vom 3. November 1992 als Sieger hervorgegangen.

Chelsea Clinton (li.) und ihre Mutter Hillary (3.v.li.) bei der Vereidigung des neuen US-Präsidenten. Rechts der oberste Richter William H. Rehnquist.

Zentraler Punkt von Clintons Sozialpolitik soll eine Reform des Gesundheitswesens werden. Sie soll unter anderem die Einführung einer Krankenversicherungspflicht beinhalten. Für Diskussion sorgt eine Anordnung Clintons, die den Abbruch von Schwangerschaften erleichtert. In konservativen Kreisen stößt diese Entscheidung auf scharfe Kritik.

Gloria versteigert Familiensilber

Nach neuntägiger Dauer endet auf Schloß Emmerarm, dem Stammsitz des Fürstenhauses Thurn und Taxis, eine vom Londoner Auktionshaus Sotheby´s organisierte Versteigerung. Unter den Hammer kamen Kunstwerke, Möbel und wertvolle Gebrauchsgegenstände aus dem Familienbesitz des Fürstenhauses.

Die Fürstin überrascht immer wieder mit originellen Frisuren oder wie hier mit einem Teddybär-Kragen an ihrem Kleid. Moderator Thomas Gottschalk scheint es gelassen hinzunehmen.

Fürstin Gloria von Thurn und Taxis, Wittwe des 1990 verstorbenen Fürsten Johannes, hatte sich zur Versteigerung eines Teils ihrer Besitztümer entschlossen, um die Erbschaftssteuer in Höhe von rund 65 Mio. DM begleichen zu können. Das Auktionsergebnis liegt mit 31 Mio. DM weit über den Schätzungen.

Hits des Jahres 1993

Mitte Februar hat *Michael Jackson* sein bekanntes Interview mit Oprah Winfrey. Es ist sein erstes Interview in seiner 14-jährigen Karriere und gilt bis heute als eines der meistgesehenen Interviews in der Fernsehgeschichte der Vereinigten Staaten. Im März trifft *Whitney Houston* mit ihrer Single *„I Will Always Love You"* den Geschmack der Musikinteressierten und schafft es 14 Wochen lang, den ersten Platz der Charts zu dominieren. Es war die bis dato am längsten auf Platz eins gelistete Single aller Zeiten.

Deutsche Jahrescharts 1993

1. *What is Love* von Haddaway
2. *Mr. Vain* von Culture Beat
3. *All That She Wants* von Ace of Base
4. *What`s Up* von Four Non Blondes
5. *Living On My Own* von Freddie Mercury
6. *Informer* von Snow
7. *No Limit* von 2 Unlimited
8. *Sing Hallelujah* von Dr. Alban
9. *I Will Allways Love You* von Whitnea Houston
10. *I Can`t Helb Falling In Love With You* von UB 40

Den Link bzw. QR-Code zu einem Youtube-Video mit den besten 100 Songs aus dem Jahr 1993 gibt es hier:

https://bit.ly/100-hits-1993

Ein Käfer rollt mit Alkohol

In einem Werk des VW-Tochterunternehmens Autolania wird in Brasilien nach siebenjähriger Unterbrechung erstmals wieder ein *VW-Käfer* produziert. Die Wiederauflage des einstigen Erfolgsmodells wurde vom brasilianischen Staatspräsidenten Itamar Augusto Franco initiiert. Er hofft durch die Produktion des preiswerten und robusten Wagens eine Massenmotorisierung einleiten zu können.

Staatschef Franco hinter dem Steuer des 94er Käfers. Das in Mexiko noch immer produzierte Modell erlebt nun auch in Brasilien eine Renaissance.

Der umgerechnet rund 12.000 DM teure Käfer ist an die brasilianischen Verhältnisse angepasst. Der Motor kann mit Benzin oder Alkohol - einem im Land weit verbreiteten Treibstoff - betrieben werden.

Die beliebtesten Vornamen

Folgende Vornamen sind im Jahr 1993 am beliebtesten:

Mädchen:

1. Lisa
2. Julia
3. Anna
4. Laura
5. Vanessa
6. Annika
7. Franziska
8. Sarah
9. Jennifer
10. Katharina

Jungen:

1. Jan
2. Phillip
3. Maximilian
4. Dennis
5. Kevin
6. Tobias
7. Tim
8. Lukas
9. Florian
10. Marcel

Interessante Preise 1993

Bierpreis/0,5l	1,05 DM
Brotpreis/kg	3,74 DM
Butter/kg	8,36 DM
Eier/Stück	0,25 DM
Milch/L	1,42 DM
Rindfleisch/kg	6,82 DM
Schwein/kg	9,44 DM
Zucker/kg	1.81 DM
Kartoffeln/kg	0,94 DM
Mehl/kg	1,43 DM
Kaffee/kg	15,70 DM

Heizölpreis	0.49 DM
Benzinpreis	1,38 DM
Super	1,56 DM
Diesel	1,11 DM

Prominente Geburtstagskinder

Folgende prominente ErdenbürgerInnen erblicken 1993 das Licht der Welt:

21. Januar: Wincent Weiss
deutscher Sänger

19. Februar: Victoria Justice
US-Schauspielerin und Sängerin

13. Mai: Stefan Kraft
österr. Skispringer

7. Juni: George Ezra
brit. Singer-Songwriter

14. März:
Anna Ewers
deutsches Model

26. Juni: Ariana Grande
US-Sängerin

22. August:
Laura Dahlmeier
deutsche Biathletin

29. August:
Liam Payne
Mitglied bei
„One Direction“

13. September:
Alice Merton
deutsch-brit.
Popmusikerin

NEIN, FRAU MÜLLER, EINGEHENDE E-MAILS WERDEN NICHT ABGESTEMPELT.

1993 als Kreuzworträtsel

1. Nachname US-Supermodel; 2. Tierischer Hauptdarsteller in US-Komödie; 3. Nachname deutsche Eisschnellläuferin; 4. Modemarke mit provokanter Werbung; 5. Größtes Museum der Welt; 6. Nachname Sängerin mit Jahrhundertstimme; 7. Nachname Deutscher Tennisprofi der heiratet; 8. Spitzname deutsche Erfolgs-Schwimmerin; 9. Nachname 6-facher Grammy-Gewinner; 10. Spiel des Jahres; 11. Austragungsort Olympia 2000; 12. Nachname Träger Friedensnobelpreis; 13. Nachname 42. US-Präsident; 14. Beliebtester Mädchenname; 15. Chin. Sternzeichen

Lösung Kreuzworträtsel

1. Crawford; 2. Murmeltier; 3. Niemann; 4. Benetton; 5. Louvre; 6: Houston; 7. Becker; 8. Franzi; 9. Clapton; 10. Bluff; 11. Syndey; 12. Mandela; 13. Clinton; 14. Lisa; 15. Hahn

Bildverzeichnis und Links

alamy; bigstock; canto; gettyimages; okapia; pixxio; pixabay; shutterstock; stokpic. Trotz größter Sorgfalt konnten die Urheber nicht in allen Fällen ermittelt werden. Es wird gegebenenfalls um Mitteilung gebeten.

Wir bitten um Verständnis, dass wir keinen Einfluss darauf haben, wie lange die externen Links (z.B. Youtube-Videos) abrufbar sind. Es besteht keinerlei wirtschaftliche oder sonstige Verbindung zu eventuell eingespielter Werbung vor den Videos. Cartoons: Nadja Kühnlieb

Impressum

Autorin: Nadja Kühnlieb

www.verlagmensch.com / info@verlagmensch.com
Dr. Roman Feßler LL.M.
6900 Bregenz - Österreich, Bregenzer Straße 64
Umschlaggestaltung: Ingeborg Helzle Grafikdesign
Covermotiv: Alamy

1. Auflage 2023

In der Serie Geburtstagsbücher für Frauen sind erschienen:

In der Serie Geburtstagsbücher für Männer sind erschienen:

Alle Jahrgänge enthalten Download-Material zum jeweiligen Geburtsjahr.
Alle Geburtstagsbücher sind exklusiv auf Amazon erhältlich.

Psychologische Ratgeber des Verlags

Dr. Beate Guldenschuh-Feßler

Jeden Tag glücklich!

Positive Psychologie für mehr Glück & Lebensfreude

Exklusiv auf Amazon.
Der Link zum Buch:
bit.ly/Jeden-Tag-glücklich

Auf 425 Seiten erhalten Sie 199 Praxistipps und Übungen von der erfahrenen Diplom-Psychologin und Verhaltenstherapeutin zur Erhöhung Ihres persönlichen Glückniveaus.

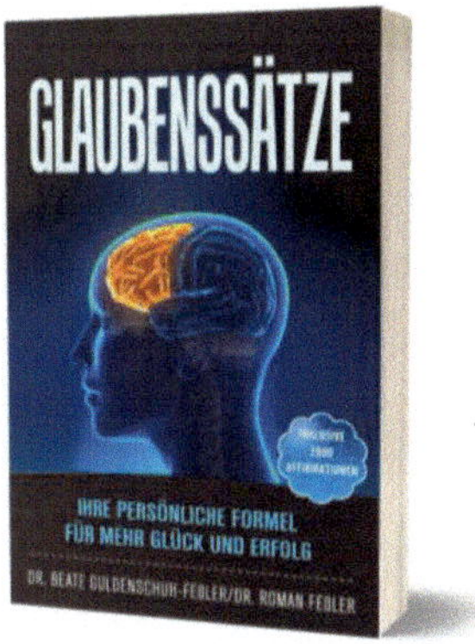

Dr. Beate Guldenschuh-Feßler

Glaubenssätze

Ihre persönliche Formel für mehr Glück und Erfolg. Inklusive 2.000 Affirmationen

Der Link zum Buch:
bit.ly/Buch-Glaubenssätze

Identifizieren Sie Ihre einschränkenden Glaubenssätze und erfahren Sie, wie Sie mit positiven Affirmationen glücklicher und erfolgreicher werden.

Dr. Beate Guldenschuh-Feßler

Das große Tagebuch der Dankbarkeit

Studien beweisen, dass ein Dankbarkeitstagebuch unser Glücksniveau steigern und Geist und Körper positiv beeinflussen kann.

Der Link zum Buch:
bit.ly/dankbares-leben

Neben ausreichend Platz für Ihre Tagebucheintragungen erhalten Sie psychologisches Hintergrundwissen, Tipps und Übungen zum Thema Dankbarkeit.

Dr. Beate Guldenschuh-Feßler

Grimms Märchen für mehr Selbstbewusstsein, Mut & Hilfsbereitschaft

11 Tugenden zur Persönlichkeitsentwicklung psychologisch aufbereitet.

Der Link zum Kinderbuch:
https://amzn.to/3N5GaQh

Vermitteln Sie anhand von Grimms Märchen Werte, die für Kinder von besonderer Bedeutung sind. Mit Ausmalbildern und Hörbuch für Kinder ab 4 Jahren.

Printed in Poland
by Amazon Fulfillment
Poland Sp. z o.o., Wrocław

14021277R00047